Made in the USA
Monee, IL
10 December 2019

18315992R00056